Cómo funcionan los juguetes

Lisa Greathouse

¿Cómo funcionan los juguetes?

Asesor en ciencias

Scot Oschman, Ph.D.

Créditos

Dona Herweck Rice, *Gerente de redacción*; Lee Aucoin, *Directora creativa*; Timothy J. Bradley, *Responsable de ilustraciones*; Conni Medina, M.A.Ed., *Directora editorial*; James Anderson, Katie Das, Torrey Maloof, *Editores asociados*; Rachelle Cracchiolo, M.S.Ed., *Editora comercial*

Teacher Created Materials

5301 Oceanus Drive
Huntington Beach, CA 92649-1030
http://www.tcmpub.com

ISBN 978-1-4333-2146-7

Printed in China
Nordica.082019.CA21901100

Tabla de contenido

Dentro de tu juguete favorito

¿Tienes un juguete favorito? Tal vez se trate de un muñeco de peluche que te dieron cuando aún eras bebé. Quizás sea un carrito de carreras impresionante. Bien podría ser una muñeca especial. Tu juguete preferido también podría ser un robot.

Existen muchos juguetes que pueden hacer cosas. Los carros de juguete tienen ruedas y se desplazan de un lado al otro. Muchas muñecas tienen brazos y piernas que se mueven. Algunas incluso pueden hablar. Muchos juguetes electrónicos tienen luces y emiten sonidos. También hay juguetes de alta tecnología que tienen adentro computadoras en miniatura.

Tal vez no se te haya ocurrido pensar en los juguetes como máquinas, pero si desarmaras uno, ¡probablemente encontrarías una máquina adentro! Algunas máquinas tienen montones de partes y pueden hacer cosas complejas. Las máquinas simples hacen una sola cosa. Nos permiten empujar o arrastrar cosas con mayor facilidad. Muchas de las cosas que hay en tu casa utilizan máquinas simples para funcionar—¡y eso incluye a muchos de tus juguetes!

La imagen ampliada muestra el interior de un perro robot.

la primera muñeca Barbie, de 1959

Éxitos de ventas

Las muñecas siempre fueron el juguete más vendido entre las niñas. De hecho, ¡Barbie es el juguete más vendido de todos los tiempos! Los videojuegos encabezan la lista de preferencias de los varones.

La ciencia de los juguetes

Tal vez no creas que los juguetes y la ciencia estén relacionados. Pero la verdad es que la ciencia tiene mucho que ver con la manera en que funcionan los juguetes. Tal vez tengas algunos juguetes que hagan cosas que parecen imposibles. Es divertido jugar con esta clase de juguetes, pero también es divertido descubrir cómo funcionan.

¿Alguna vez formaste palabras en tu refrigerador con esas letras que tienen imanes por detrás? ¿Jugaste con dardos que se fijan al blanco mediante imanes? Es probable que también hayas jugado con muchos juguetes que tienen imanes por dentro.

No hace falta pegamento para hacer esta estructura: sus partes se mantienen unidas mediante imanes.

¿Cómo funcionan los imanes?

La atracción o el rechazo que sientes cuando sostienes un imán es una fuerza invisible llamada **magnetismo.** Los imanes usualmente están hechos de mineral de hierro o de algún metal que tenga un alto contenido de hierro, como el acero.

El gauss recibió su nombre en honor al físico y matemático alemán Carl Friedrich Gauss.

¿Gauss qué?

Algunos imanes son potentes y otros son débiles. Los campos magnéticos se miden en una unidad llamada gauss. Un imán de refrigerador tiene unos 100 gauss. Los científicos pueden producir imanes con una fuerza de 40,000 gauss. El campo magnético de una típica estrella de neutrones es de ¡más de 100 trillones de gauss!

El más poderoso de los imanes

Existe una extraña clase de estrella de neutrones llamada magnetar o magnetoestrella, que tiene el campo magnético más fuerte del universo. ¡Estas estrellas son tan potentes que podrían cambiar la organización de los **átomos** de tu cuerpo! Hasta ahora sólo se descubrieron 10 magnetoestrellas, pero los científicos dicen que podría haber miles de estas estrellas en la Vía Láctea, nuestra galaxia.

ilustración de la NASA de una magnetar

líneas de campos magnéticos

Los objetos comunes de metal, como los sujetapapeles o los imperdibles, se ven atraídos por los imanes.

Los opuestos se atraen

Hay imanes de todas formas y tamaños. Todos los imanes tienen espacios o campos magnéticos alrededor. Ese campo se sentirá atraído hacia metales hechos de hierro, acero, níquel o cobalto. Si alguna vez recogiste un sujetapapeles con un imán, entonces viste a un imán hacer que algo se mueva sin siquiera tocarlo.

Los extremos de los imanes se llaman **polos.** Todos los imanes tienen un polo norte y un polo sur. A simple vista son iguales, pero en realidad son polos opuestos. Si acercas el polo sur de un imán al polo sur de otro imán, sentirás que se rechazan (se **repelen**). Pero los polos norte y sur se acercarán (se atraerán). Respecto a los imanes, los opuestos se atraen.

Algunos imanes son muy potentes, y otros son débiles. Un imán débil posiblemente ni siquiera se quede en tu refrigerador, ¡mientras que uno muy potente hasta podría hacerlo mover!

Encontramos imanes en las cosas que utilizamos todos los días: las computadoras usan imanes, los teléfonos celulares usan imanes. Muchos de los juguetes con los que juegas utilizan imanes para hacer que sus partes se muevan.

Cargadísimo

¿Alguna vez abriste un juguete y te quedaste sin poder usarlo en seguida porque no venía con las baterías necesarias para funcionar? Los juguetes que necesitan baterías funcionan con electricidad. Algunos juguetes pueden conectarse directamente a la red eléctrica por medio de un toma de corriente. La electricidad es una forma de energía que hace que las cosas se muevan. Se origina cuando interactúan entre sí partículas eléctricas diminutas llamadas **electrones**.

Existen dos clases de cargas eléctricas: positiva y negativa. Las cargas eléctricas negativas atraen a las cargas eléctricas positivas. Las cargas eléctricas positivas atraen a las cargas eléctricas negativas. Las cargas iguales se repelen, o sea, se rechazan. En este sentido, las cargas eléctricas funcionan como los imanes. Al igual que en los imanes, los opuestos se atraen.

¿Alguna vez sentiste una descarga de electricidad estática? Se trata de una carga eléctrica. Cuando caminas sobre una alfombra, los electrones de ésta se desplazan hacia ti. Ahora tienes electrones de más, lo que genera una carga estática negativa. Si tocas algo, como el pomo de una puerta, los electrones pasan de ti al pomo. ¡Zas! ¡Sientes una descarga!

Cuando los cabellos acumulan la misma carga estática, se repelen entre sí.

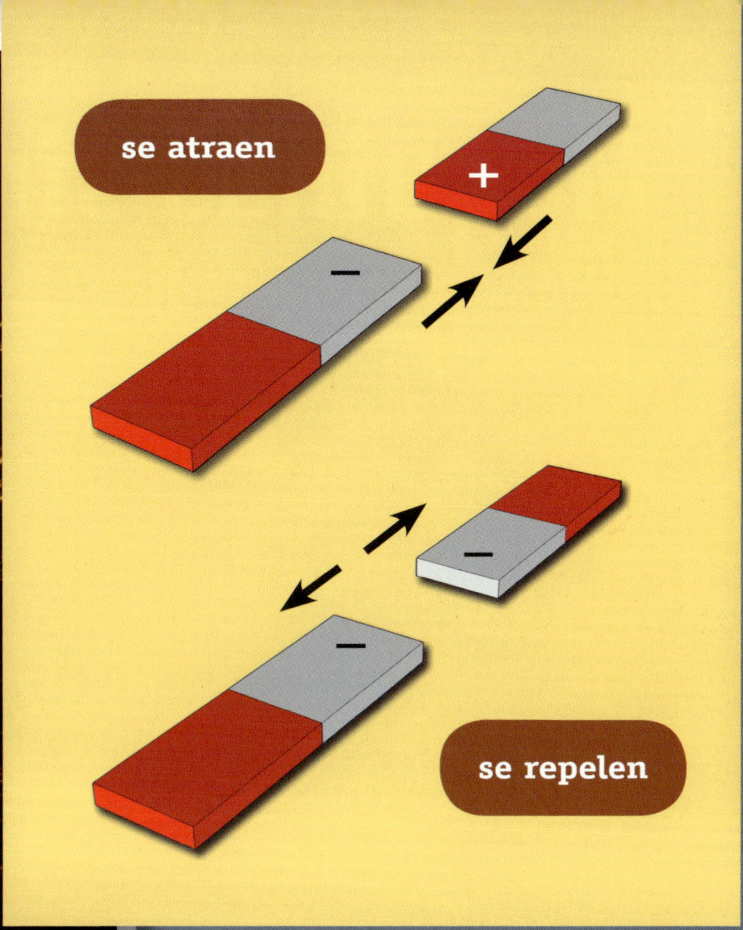

Algunos juguetes tienen complicados sistemas eléctricos.

Máquinas simples

plano inclinado

Probablemente pienses que levantar una mochila pesada es un trabajo duro. Pues, ¡tienes razón! En el terreno de las ciencias, **trabajo** es lo que sucede cuando una fuerza mueve un objeto. Una **fuerza** es un empujón, una atracción o un giro que hace que las cosas se muevan. Esto quiere decir que empujar, tirar y levantar son todas clases de trabajo. Los jardineros efectúan un trabajo cuando arrancan malezas. Los compradores efectúan un trabajo cuando empujan los carritos en el supermercado. Las personas que hacen mudanzas trabajan cuando mueven cajas pesadas. ¡Hasta cortar un trozo de pastel implica trabajo! Las **máquinas simples** facilitan todas estas tareas.

Existen seis clases de máquinas simples: la **palanca**, el **plano inclinado**, la **cuña**, el **tornillo**, la **polea** y la **rueda y el eje**. Estas máquinas hacen que mover objetos sea más sencillo.

La bicicleta es un ejemplo de una máquina compuesta.

Máquinas compuestas

Las máquinas compuestas se forman mediante la combinación de dos o más máquinas simples que trabajan juntas. Estas máquinas pueden llevar a cabo tareas más difíciles de las que pueden realizar las máquinas simples por sí solas. Prácticamente todas las máquinas que conoces son máquinas compuestas.

Máquinas simples	Cómo nos ayudan	Ejemplos
palanca	levanta o mueve cargas	sube y baja, destapador, martillo, pala
plano inclinado	levanta o mueve cargas	rampa, escaleras, resbaladilla
cuña	corta o separa, empuja	hoja de un hacha
tornillo	mantiene cosas juntas	tornillo, tapa de un frasco, taladro, base de un foco o bombillo
polea	sube o baja una carga	persiana veneciana, asta de bandera, grúa, grúa de remolque
rueda y eje	mueve cargas	carreta, pomo de la puerta, sacapuntas

La construcción de las pirámides

Los expertos creen que los antiguos egipcios hicieron rampas de tierra para desplazar grandes piedras cuando construyeron las pirámides. Esas rampas pudieran haber sido unos de los planos inclinados más antiguos jamás utilizados para facilitar el trabajo.

¿Alguna vez intentaste llevar una caja pesada por las escaleras un piso arriba? Es mucho más fácil hacerlo si tienes una rampa para empujarla. Una rampa es un ejemplo de plano inclinado. Se trata de una superficie plana con pendiente. Esta máquina simple puede ayudarte a mover objetos con mayor facilidad.

La palanca es una de las máquinas simples más comunes. El sube y baja es un tipo de palanca. Cuando empujas hacia abajo uno de los extremos, la fuerza hace que los objetos giren en torno a un punto y levanta lo que se encuentre del otro lado. Casi todo lo que tiene una manija o mango también es un tipo de palanca. Piensa en la manera en que una pala de jardinero hace que sea más fácil sacar la maleza del suelo haciendo palanca. Todas las clases de palas son tipos de palancas y todas hacen más sencillo el trabajo.

El extremo en punta de un plano inclinado se denomina cuña. Puedes utilizarlo para separar cosas o para dividir objetos. La hoja de un hacha o de un cuchillo es una cuña.

Los tornillos se utilizan para construir y para mantener cosas unidas. En realidad, un tornillo es como una pequeña rampa que gira y tiene una cuña en la punta. Cada giro del tornillo ayuda a que la pieza de metal se mueva a través de un trozo de madera.

Las poleas se usan para levantar o mover objetos. En una polea, una cuerda envuelve una rueda que tiene surcos. Cuando tiras de la cuerda, la rueda gira, y cualquier objeto que esté sujeto a la cuerda se mueve. Por ejemplo, las poleas se utilizan para izar y bajar banderas en un asta. En el extremo derecho, verás cómo una polea gigante mueve los asientos en una telesilla.

cuña

Arriba y abajo

Cada vez que subes o bajas las persianas de tu ventana, usas una polea.

polea

tornillo

rueda y eje

No te engranes

A veces se considera que el engranaje es una máquina simple. Pero en realidad no es otra cosa que una rueda dentada.

¿Alguna vez arrastraste algo pesado con una carreta? Entonces viste cómo la **rueda y el eje** facilitan el trabajo. Las ruedas en la carreta hacen girar el vástago conectado a ellas. Ése es el eje. Cuando las ruedas y el eje giran juntos, la carreta se mueve. El conjunto de ruedas y eje es también lo que hace que se muevan las patinetas y los patines de ruedas.

Todas las máquinas simples crean **movimiento.** El movimiento implica cómo, dónde y por qué algo se mueve. La forma en que se empuja o se tira de algo cambia la forma en la que se mueve. La carreta, la que se mueve por acción de la rueda y el eje, puede moverse en línea recta. Pero también puede moverse hacia adelante y hacia atrás. Puede moverse en zigzag y también girar en círculos. Si pegas un salto dentro de la carretilla y te agitas en ella, ¡hasta podrías hacerla vibrar! El movimiento de la carreta depende de ti.

Los primeros caballitos mecedores se hicieron en el antiguo Egipto y Grecia. Este caballito de madera pertenece a los comienzos del siglo XX.

Sacúdelo y agítalo

Los sonajeros son juguetes de bebé muy populares desde hace cientos de años. Los primeros sonajeros se hacían con madera ahuecada, donde se colocaban semillas o hasta dientes para que hicieran ruido al sacudirlos. Por lo general, los sonajeros actuales están hechos de plástico y tienen cuentas adentro. Pero la forma en que funcionan los sonajeros y los ruidos que hacen no cambiaron con el tiempo.

¿Cómo funcionan los juguetes?

Muchos de los juguetes con los que jugaban tus abuelos cuando eran niños son muy diferentes de los tuyos. Pero es posible que te sorprenda descubrir que algunos de los juguetes con los que jugaron tus abuelos—y hasta los abuelos de tus abuelos—son los mismos con los que juegas tú.

¿Alguna vez te subiste a un caballito mecedor? Éste es un juguete muy popular desde el siglo XVIII. Muchos de los antiguos caballitos mecedores estaban hechos de madera. Algunos tenían resortes. En la actualidad, muchos se fabrican con plástico moldeado. Pero casi todos los caballitos mecedores funcionan de la misma manera: el niño se sienta en el lomo del caballo y se agarra de sus manijas. Luego, el niño usa los pies para mecerse hacia adelante y hacia atrás. La energía mueve los resortes o el balancín curvo que se encuentra en la base del caballito. Eso es lo que hace que el caballo se mueva hacia adelante y hacia atrás. Cuanto más rápido se mueve el niño, más rápido se mueve el caballo.

En muchos parques infantiles hay caballos mecedores sobre resortes, como el de la fotografía.

Juguetes que giran, se mueven y hablan

Muchos de los juguetes que siguen siendo populares con el paso de los años tienen un funcionamiento interesante. Algunos ruedan, giran o flotan. Pueden tener piezas de distintos tamaños y formas que se pueden utilizar para construir cosas. Pueden tener pantallas donde, con sólo tocarlas, se crean imágenes. Muchos juguetes tienen sonidos, y algunos hasta hablan. ¡A veces parecería que los juguetes usan magia para funcionar!

Algunos juguetes, como los sistemas de videojuegos, tienen máquinas compuestas en su interior. La mayoría de los juguetes que emiten sonidos o que se mueven por sí solos funcionan con electricidad. Pero algunos tienen máquinas simples adentro que les permiten funcionar sólo con la energía que proviene del niño que juega con ellos. Piensa en un carro de juguete que cruza la habitación a toda marcha después de que alguien lo hace rodar hacia atrás y luego lo suelta. Este juguete tiene un resorte en su interior que se enrosca más y más, hasta estar muy apretado, cuando se lleva el carrito hacia atrás. Al soltarlo, la energía del resorte se libera. Cuanto más hacia atrás se lleve el carrito, más lejos llegará al soltarlo.

Juguete por accidente

¿Alguna vez viste un resorte Slinky bajar las escaleras? El inventor del Slinky estaba intentando fabricar un resorte que impidiera que los instrumentos de las embarcaciones vibraran. Un día, su experimento cayó de un estante ¡y caminó hasta la cubierta del barco! En ese momento supo que sería divertido jugar con el resorte. En la actualidad, el Slinky es uno de los juguetes más vendidos de todos los tiempos.

Un resorte y una máquina compuesta hacen caminar a este robot.

¿Qué tiene adentro?

Tus juguetes pueden tener cables y baterías en su interior. La cobertura plástica de estos cables impide que las personas reciban descargas eléctricas.

La ciencia de los giros

¿Puedes pensar en algún juguete popular que gire? Para nombrar sólo algunos, tenemos el trompo, el yoyó y el disco volador. Cuando arrojas un balón de fútbol en el aire o haces girar una pelota de básquetbol en la punta de un dedo, los conviertes en juguetes giratorios.

Desde hace cientos de años que niños y adultos juegan con yoyós. El yoyó parece un juguete simple, ¡pero no es tan simple como parece!

La máquina simple que hay dentro de un yoyó básico es un eje, el que está conectado con el cuerpo redondo del juguete y la cuerda. Cuando el yoyó cae, una clase de energía se transforma en otra. Cuando el yoyó se encuentra en el extremo de la cuerda, gira. Esa energía hace que el yoyó se impulse a sí mismo cuerda arriba. Como se pierde algo de energía al subir, el jugador debe agregar más energía tirando hacia arriba en el momento indicado.

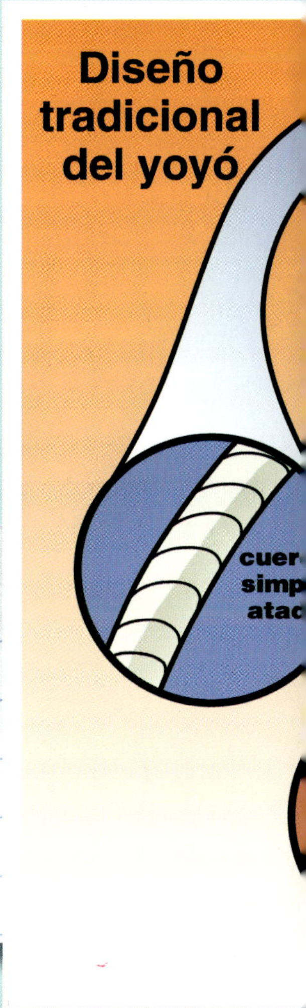

¿Qué significa yoyó?

El yoyó nació en las Filipinas, y a comienzos del siglo XX un hombre de negocios lo llevó a los Estados Unidos. Algunas personas dicen que la palabra "yoyó" es un término filipino que significa "ven-ven" o "regresa".

El yoyó original tenía una cuerda atada al eje. El diseño moderno tiene la cuerda enlazada alrededor del eje. Esto permite hacer trucos con el yoyó.

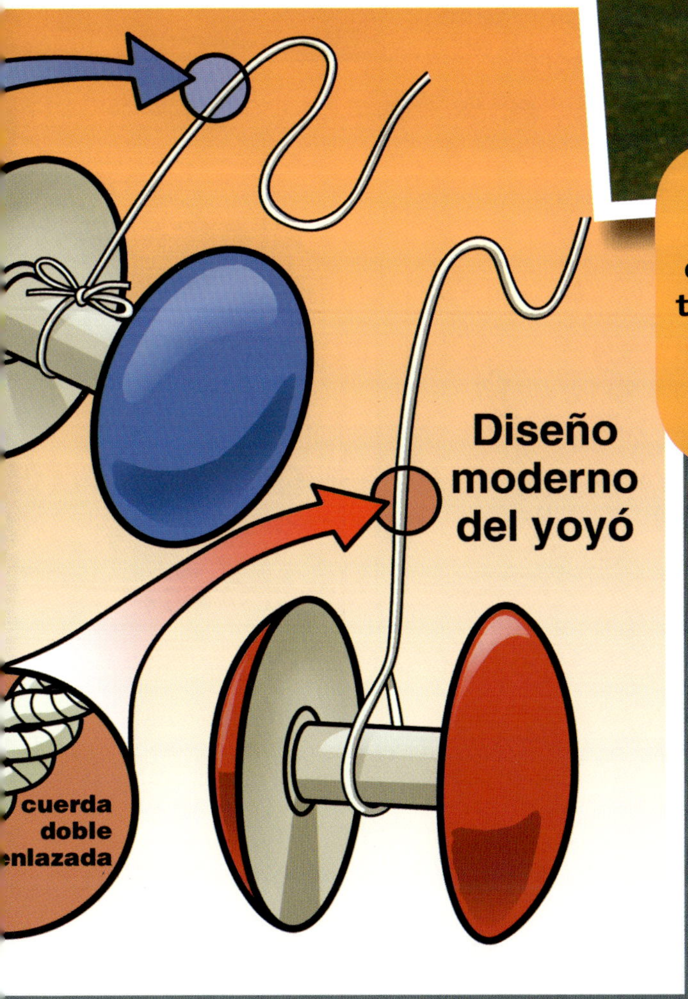

¡No es el camino fácil!

Muchas personas buscan la manera fácil de hacer las cosas. La máquina de Rube Goldberg hace precisamente lo contrario. Se trata de una máquina que realiza una tarea muy sencilla de la manera más complicada posible. En realidad, Rube Goldberg solía dibujar divertidas caricaturas de máquinas como ésta. En la actualidad, hay concursos en los que las personas compiten para ver ¡a quién se le ocurre la mejor máquina de Rube Goldberg!

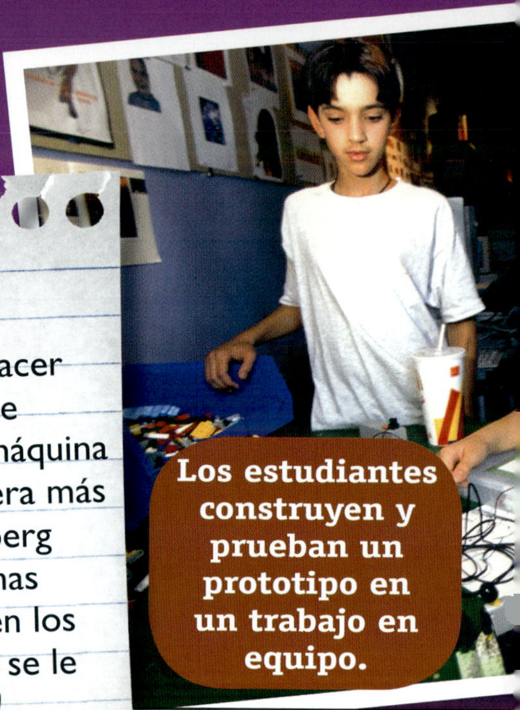

Los estudiantes construyen y prueban un prototipo en un trabajo en equipo.

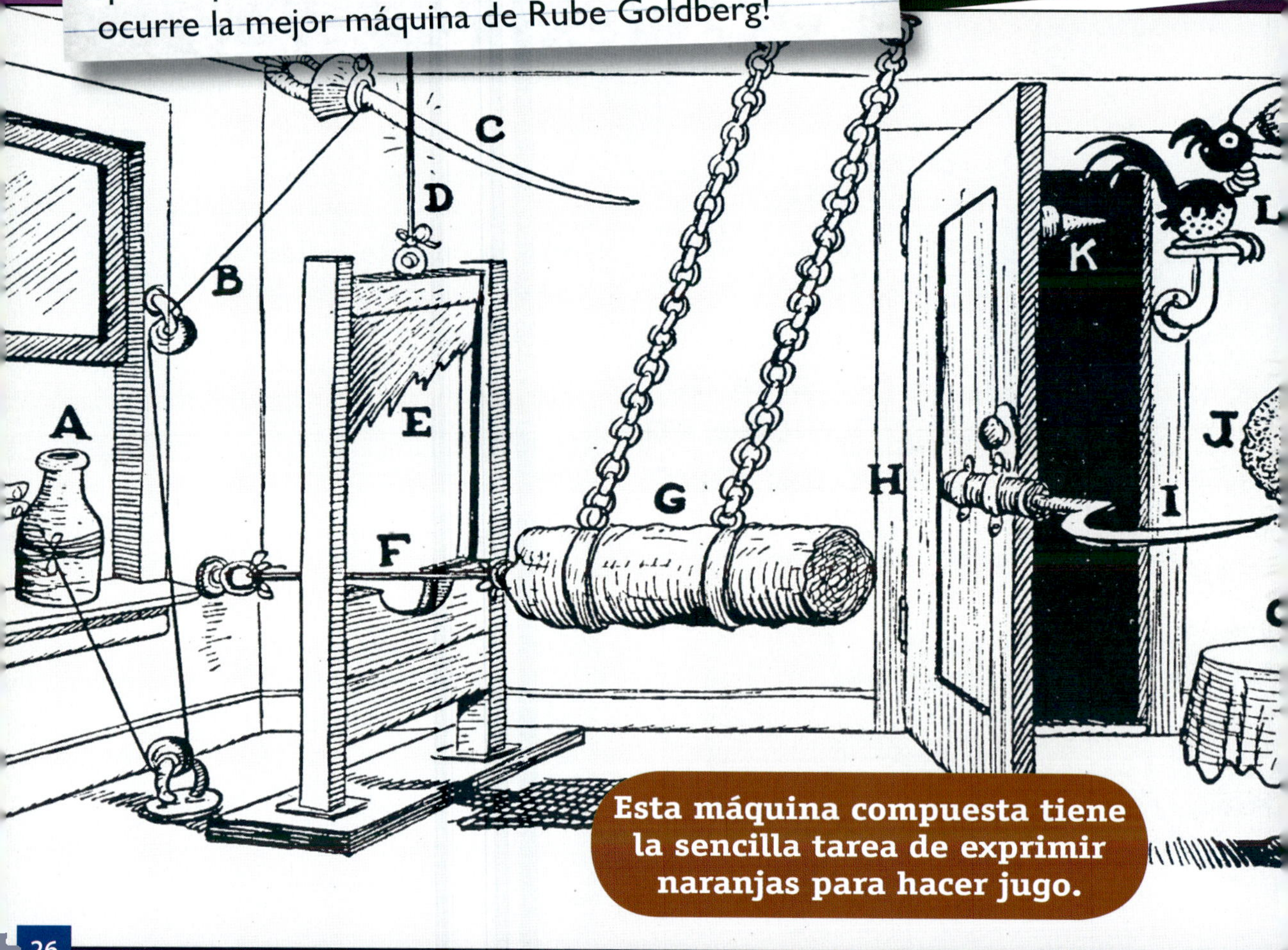

Esta máquina compuesta tiene la sencilla tarea de exprimir naranjas para hacer jugo.

¿Serás tú que invente el próximo juguete genial?

Si pudieras ver adentro de tu juguete preferido, ¿qué crees que encontrarías? ¿Un motor eléctrico? ¿Ruedas e imanes? ¿Tornillos y resortes? ¿Tal vez una computadora?

Los inventores de juguetes siempre están a la búsqueda de ideas para la nueva sensación en juguetes. Primero, determinan qué es lo que quieren que hagan sus juguetes. Luego, hacen dibujos de cómo quieren que luzcan sus juguetes. A continuación, deciden qué elementos necesitarán. Después tienen que construir **prototipos**, o modelos de los juguetes. Ésta es una buena forma de probar un juguete y descubrir cómo mejorarlo. Por lo general, las compañías de juguetes cuentan con un equipo de personas que trabajan juntas en el desarrollo de un juguete nuevo.

¿Alguna vez se te ocurrió una idea para un juguete? Muchos inventores de juguetes son **ingenieros**. Otros estudian arte. En nuestros días, muchos son expertos en computadoras. Si te gusta soñar despierto con grandes ideas, inventar juguetes podría ser la carrera indicada para ti.

Laboratorio: Haz tu propio molinete

Un molinete es un ejemplo de una máquina simple. Básicamente, se trata de una rueda y un eje. Para girar, los molinetes utilizan al viento como fuente de energía.

Materiales

- un lápiz con punta afilada
- tijeras
- papel de construcción blanco
- regla
- una grapa para papel
- un popote (pajilla) de plástico
- crayones, lápices de colores o marcadores

Procedimiento:

1. Corta un cuadrado de papel de construcción de 17.5 cm x 17.5 cm (7 pulgadas por 7 pulgadas).
2. Decora ambos lados del papel con los crayones, marcadores o lápices de colores.
3. Ubica una regla de manera diagonal sobre el cuadrado de papel, desde una esquina hasta la esquina opuesta. Sigue la línea diagonal que marca la regla y traza una línea de 7.5 cm (3 pulgadas) hacia el centro. Repite esto desde todas las esquinas, de manera que te queden cuatro líneas hacia el centro del cuadrado.

4. Dibuja un circulito a la izquierda de cada línea, cerca del borde del papel.

5. Corta por cada una de las líneas que trazaste, pero no llegues con la tijera hasta el centro del cuadrado.

6. Lleva las esquinas hacia el centro y haz que los cuatro círculos se encuentren en el centro del cuadrado.

7. Pasa los extremos de la grapa para papel por los círculos y empújala a través del centro.

8. Utiliza el lápiz con punta afilada para hacer un agujero en el popote, a alrededor de 1.25 cm (0.5 pulgadas) del borde superior.

9. Coloca el popote en la parte trasera de tu molinete y pasa los extremos de la grapa por el agujero que hiciste en él. Abre los extremos de la grapa en direcciones opuestas y aplánalos.

10. Ahora, todo lo que necesitas es una suave brisa que haga girar tu nuevo molinete.

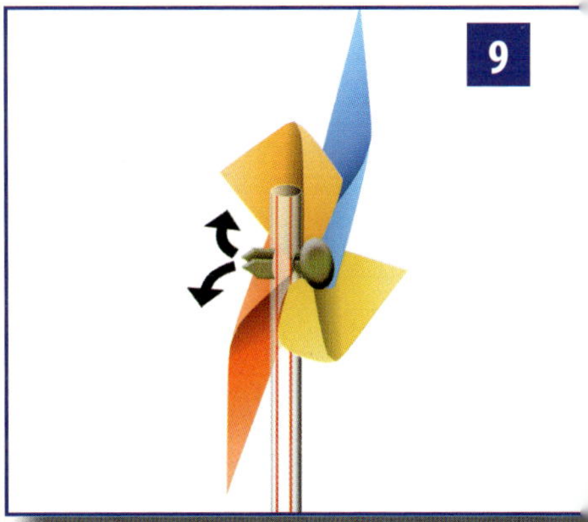

Glosario

átomos—componentes básicos de la materia

cuña—extremo en punta de un plano inclinado que puede utilizarse para separar cosas

electrones—partículas básicas, cada una de las cuales contiene una unidad de carga negativa

fuerza—empuje o atracción que hace que las cosas se muevan

ingenieros—personas que planifican, construyen o manejan un proyecto

magnetismo—fuerza invisible que empuja o atrae

máquinas simples—máquinas que usan un movimiento para facilitar el trabajo

movimiento—cambio de posición

palanca—máquina simple que facilita el trabajo al multiplicar la fuerza aplicada

plano inclinado—máquina simple para elevar o bajar objetos

polea—máquina simple con una rueda sobre la que corre una cuerda, correa, cadena o cable y que hace más fácil levantar objetos pesados

polos—extremos de un imán

prototipos—modelos de objetos nuevos

repelen—rechazan

rueda y eje—anillo redondo con rayos que hace girar una vara unida a él y genera de esa forma movimiento

tornillo—perno o vástago con rosca en espiral que se utiliza como máquina simple para unir o construir objetos

trabajo—fuerza que mueve a un objeto

Índice

Científicos de ayer y de hoy

Augusta Ada King, Condesa de Lovelace
(1815–1852)

A la condesa de Lovelace se la conoce por haber ideado la máquina analítica, un modelo primitivo de computadora. La condesa escribió un completo conjunto de instrucciones para esta máquina. ¡Se considera que sus instrucciones fueron el primer programa de computadora del mundo!

Chavon Grande
(1978–)

Chavon Grande es ingeniera. Los ingenieros diseñan y construyen cosas. ¡Las atracciones de los parques de diversiones son sólo una de las tantas cosas que Grande ha hecho hasta ahora! En la actualidad, diseña muchas clases de estructuras. Una de sus principales tareas es asegurarse de que las estructuras protejan y respeten el medio ambiente.

Créditos de las imágenes

Portada: charles taylor/Shutterstock; p.1: charles taylor/Shutterstock; p.4: Gusto/Photo Researchers, Inc.; p.4-5: Gusto/Photo Researchers, Inc.; p.5: KRT/Newscom; p.6-7: Roger L./UPI Photo/Newscom; p.7: PRISMA/Newscom; p.8-9 (arriba): NASA; p.8-9: Cordelia Molloy/Photo Researchers, Inc.; p.8: Morgan Lane Photography/Shutterstock; p.10-11: Charles D. Winters/Photo Researchers, Inc.; p.10: Franck Boston/Shutterstock; p.11 (arriba): Tim Bradley; p.11 (abajo): Mauro Fermariello/Photo Researchers, Inc.; p.12: David R. Frazier Photolibrary, Inc./Alamy; p.13: empipe/Shutterstock; p.14-15: Tim Bradley; p.14-15 (abajo): TongRo Image Stock/Alamy; p.15: iStockphoto; p.16: Katrina Brown/Shutterstock; p.17 (izquierda): Fanfo/Shutterstock; p.17 Don Tran/Shutterstock; p.18 (abajo): Lara Barrett/Shutterstock; p.17-18: Ed Bock/CORBIS; p.19 STILLFX/Shutterstock; p.20 (arriba): Tom O'Connell/Alamy; p.20: Adrov Andriy/Shutterstock; p.20-21: as-foto/Shutterstock; p.22-23 (abajo): charles taylor/Shutterstock; p.23: Leonard Lessin/Photo Researchers, Inc.; p.22-23: Sheila Terry/Photo Researchers, Inc.; p.24-25 (arriba): Andraž Cerar/Shutterstock; p.24-25 (abajo): Tim Bradley; p.25: David Young-Wolff/Alamy; p.26-27: Philippe Psaila/Photo Researchers, Inc.; p.26-27 (abajo): The Granger Collection, Nueva York; p.29: kazberry/Shutterstock; p.32 (izquierda): National Physical Gallery, Teddington; p.32 (derecha): Rick Reason.